Die Emotion des Augenblicks
La emoción del instante

Berta Martín De la Parte

La emoción del instante - Die Emotion des Augenblicks

Spanisch und Deutsch
Texte, die schon Anfängern zugänglich sind

La emoción del instante
Die Emotion des Augenblicks

Berta Martín De La Parte

Die Emotion des Augenblicks
Original Text: *La emoción del instante* ISBN: 978-37-56294619
© 2023 Berta Martín De La Parte
© Buchcover: Berta Martín De La Parte
© Lektorat in Spanisch: Rocío León Fernández.
© Deutsche Übersetzung: Ilse Adlhoch- Kern
Printed in Germany- ISBN : 978-3-7568-8333-2
Herstellung und Verlag: BoD - Books on Demand, Norderstedt

A mi hijo Diego. ¡Qué sería la vida sin la capacidad de emocionarse!

An meinen Sohn Diego. Was wäre das Leben ohne die Fähigkeit, emotional zu werden!

«Es muy probable que las mejores decisiones no sean fruto de una reflexión del cerebro, sino el resultado de una emoción».

Eduard Punset

«Es ist sehr wahrscheinlich dass die besten Entscheidungen nicht das Ergebnis einer Überlegung des Gehirns sind, sondern das Ergebnis einer Emotion».

Eduard Punset

Introducción

Los poemas se escriben regularmente en verso, pero en ocasiones también en prosa. En cualquier caso, ambas son expresiones líricas que buscan la belleza y su manifestación a través de la escritura.

En este libro encontrará el lector metáforas, ritmos adaptados o dependientes de las emociones sentidas, combinando los instantes sonoros, visuales y táctiles. En definitiva, esa individualidad musical de las palabras.

Al leer un poema, cada lector lo interpreta a su manera; la emoción de la melodía le suena diferente. Pero, en cualquier caso, cada verso deja siempre impresa una nueva huella.

El novelista, dramaturgo y letrista brasileño Paulo Coelho escribió: «No podemos dejar nunca que cada día parezca igual al anterior, porque todos los días son diferentes. Presta atención a todos los momentos porque la oportunidad —el instante mágico— está a nuestro alcance».

Deseo que la lectura de *La emoción del instante*, se convierta en uno de esos mágicos momentos. O como escribo en el borrador de la contraportada: «El contenido de este poemario es una colección de instantes. Cada lector los interpretará a su manera, provocando individuales emociones. Deseo que ustedes, a través de su lectura, disfruten de *mágicos momentos*».

Berta Martín De La Parte

Einleitung

Gedichte werden oft in Versen geschrieben, manchmal aber auch in Prosa. In jedem Fall handelt es sich um lyrische Äußerungen auf der Suche nach der Schönheit und ihrer schriftstellerischen Manifestation.

Der Leser findet hier Metaphern, Rhythmen, die den empfundenen Emotionen entsprechen oder von ihnen abhängen, die klangliche, visuelle und taktile Momente miteinander verbinden. Kurz: die musikalische Individualität der Worte.

Wenn man ein Gedicht liest, interpretiert es jeder auf seine Weise; die Emotion der Melodie klingt für jeden anders. Aber in jedem Fall hinterlässt jeder Vers einen neuen Eindruck.

Der brasilianische Schriftsteller, Dramatiker und Lyriker Paulo Coelho schrieb: "Wir dürfen nicht zulassen, dass jeder Tag dem vorherigen gleicht, denn jeder Tag ist anders. Achten Sie auf jeden Augenblick, denn die Gelegenheit —der magische Moment— ist zum Greifen nah".

Ich hoffe, dass die Lektüre von *Die Emotion des Augenblicks,* zu einem dieser magischen Momente wird. Oder wie ich es auf der Rückseite des Buches formuliert: "Der Inhalt dieses Gedichtbandes ist eine Sammlung von Augenblicken. Jeder Leser wird sie auf seine Weise interpretieren und individuelle Emotionen hervorrufen. Ich hoffe, dass Sie beim Lesen *magische Momente* erleben werden".

Berta Martín De La Parte

Desordenando la lógica

Si al atravesar la niebla,
de tus ojos,
me encontrara con un halo de vida,
el tuyo,
me pondría tan contento;
y respiraría,
tu aire.

Rebuscaría entre los arbustos,
de tu cuerpo,
piedras preciosas,
cantos rodados,
por los que tú pisas,
y bebería las gotas,
acuosas,
de tu boca.

Si al atravesar la claridad
de la mañana,
me topara con el incógnito
de tu pensamiento,
invadiría con vehemencia
tus sueños.

Rasgaría los velos tupidos
de tu cuerpo,
desordenando la lógica
de tus rubores,
liberando las pasiones.

¡Las tuyas y las mías!

Logik der Unordnung.

Wenn ich durch den Nebel,
deiner Augen,
einem Heiligenschein des Leben
begegnen würde,
wäre ich so froh,
und ich würde deine Luft atmen.

Ich würde das Gebüsch deines Körpers
nach Edelsteinen absuchen,
wo du auftrittst,
und die wässrigen Tropfen
aus deinem Mund aus Kieselsteinen trinken.

Wenn ich in der Helligkeit
des Morgens
über das Inkognito deiner Gedanken stolpern sollte
würde ich vehement
in deine Träume eindringen

Ich würde die dichten Schleier
deines Körpers zerreißen,
die Logik deines Errötens
durcheinander bringen
und die Leidenschaften befreien.

Deine und Meine

5

Campanillas de invierno

Que caigan los copos de nieve
sobre este asfalto,
en donde el último año
tantas lágrimas
regaron sus guijarros.

Si te asusta lo incierto,
la inclemencia de la discordia
confundiendo la mudez de miedos,
deja florecer los recuerdos de la verdad,
con tiernos y cálidos abrazos de ternura.

Que caiga la nieve a modo de cascada,
engalanando el paisaje con su polvo blanco.

Es un poco pronto,
el invierno está recién iniciado,
pero las campanillas de invierno
ya están brotando.

¡Las miro y veo esperanza!

Schneeglöckchen

Lass die Schneeflocken fallen,
auf diesem Asphalt,
wo letztes Jahr,
so viele Tränen,
dass seine Kieselsteine tränkten.

Wenn Sie Angst vor dem Ungewissen haben,
die Unklarheit der Zwietracht,
die die Stummheit der Ängste verwirrt,
die Erinnerungen an die Wahrheit blühen lassen,
mit zärtlichen und warmen Umarmungen der Zärtlichkeit.

Lass den Schnee wie einen Wasserfall fallen,
um die Landschaft mit ihrem weißen Pulver zu schmücken.

Es ist noch ein bisschen früh,
der Winter hat gerade erst begonnen,
aber die Schneeglöckchen
sprießen schon.

Ich sehe sie an und ich sehe Hoffnung!

Arropados en los versos

Me dejo arropar
por las alas de la ilusión.
Entre sus plumas
acojo tus ansias y fantasías.

Alzo el vuelo
hacia tu rincón secreto.
Me sumerjo,
en la rima de tu universo,
sobrevolando el esfuerzo
de la prosa libre.

Te quiero, me quieres.
Me odias, te adoro.
Me tocas, te beso;
mientras con aleteos de mariposa,
bañados en la escala de colores,
humedecemos nuestros «te quiero».

Me buscas, me encuentras.
Te pierdes entre mis abrazos.
Te siento ligera, casi abandonada.
Te cuesta escribir
para dedicarme unos versos.
Renuncias, te retraes.
Te excusas,
detrás de los miedos.
Te quiero, me quieres.
¡Tú, mi vida!
¡Yo, la tuya!

Versteckt in den Versen

Ich lasse mich
von den Flügeln der Illusion einhüllen.
Zwischen seinen Federn schütze ich
deine Sehnsüchte und Fantasien.

Ich fliege,
zu deiner geheimen Ecke.
Ich tauche ein,
in den Reim deines Universums
und überfliege die Anstrengung
der freien Prosa.

Ich liebe dich, du liebst mich.
Du hasst mich, ich bete dich an.
Du berührst mich, ich küsse dich.
Während wir mit Schmetterlingsflattern,
gebadet in der Skala der Farben,
unser Ich liebe dich befeuchten.

Wenn du mich suchst, findest du mich.
Du verlierst dich in meiner Umarmung.
Ich fühle dich leicht, fast verlassen.
Es ist schwer für dich zu schreiben,
um mir einige Verse zu widmen.

Man gibt auf, man zieht sich zurück.
Du gibst auf,
du ziehst dich hinter deine Ängste zurück.
Ich liebe dich, du liebst mich.
Du mein Leben!
Ich, dein!

Palomares de Castilla

Me gustaría ser una paloma,
como la paloma de ayer,
para poder regresar al palomar,
aunque no pare de llover.

Palomares de los pueblos castellanos.
Espacios cerrados al exterior,
llenos de huecos de nidales.
Para mí quiero un nidal.
Un nidal que sea solo mío.

Como aquel de mi niñez,
al cual siempre regresaba,
en los atardeceres,
después de volar sobre los trigales

¿Y ahora qué?
¡Ya no tengo un nidal!
¡Ni trigales desde donde regresar!
¿En que estaría yo pensando
cuando abandoné mi palomar?

Taubenhäuser von Kastilien

Ich möchte gerne eine Taube sein,
wie die Taube von gestern,
damit ich zum Taubenschlag zurückkehren kann,
auch wenn es nicht aufhört zu regnen,

Taubenhäuser in den kastilischen Dörfern.
Nach außen geschlossene Räume.
Höhlen voller Nester.
Für mich will ich ein Nest!
Ein Nest, das nur mir gehört!

Wie aus meiner Kindheit,
zu der ich immer bei Sonnenuntergang zurückkehrte,
nachdem,
ich über die Weizenfelder geflogen bin.

Und was nun?
Ich habe kein Nest mehr!
Keine Weizenfelder, von denen man zurückkehren kann!
Was habe ich mir nur dabei gedacht,
als ich meinen Taubenschlag aufgegeben habe?

Miré el amanecer

He dejado de resistirme al olvido.
Miré el amanecer,
estaba impresionante.
Me fijé en el tono sonrosado
de la enorme nube,
abrazando, todopoderosa, el horizonte.

Qué ingenioso es el tiempo.
Cuántas experiencias hermosas dibuja.
Me pregunté en qué lugar
comenzó a dar las primeras pinceladas.

En qué signos se inspira,
hasta elegir la oportuna policromía.
¿Será que al despertarnos nos huele?
¿Será que él nos siente,
y a cada uno nos lo muestra diferente?

Ich sah den Sonnenaufgang

Ich habe aufgehört, mich gegen das Vergessen zu wehren.
Ich habe den Sonnenaufgang beobachtet,
Es war atemberaubend.
Ich bemerkte den rosigen Farbton
der riesigen Wolke,
umarmte, allmächtig, den Horizont.

Wie erfinderisch die Zeit doch ist.
Wie viele schöne Erfahrungen er macht.
Ich fragte mich, wo
begann er, seine ersten Pinselstriche zu machen.

Aus welchen Zeichen er seine Inspiration bezieht,
bis er die richtige Polychromie ausgewählt hat.
Könnte es sein, dass er uns riecht, wenn er uns aufweckt?
Könnte es sein, dass er uns wahrnimmt?
und uns jedem von uns etwas anders zeigt?

13

¡Obsesionado!

Me encierras cada noche,
obsesionado, ¡como un loco!,
en el jardín silencioso
de los ladrones de sueños.
Abandonada, en la oscuridad,
a las caricias de la luna.

En las madrugadas,
sobre los poros de mi piel,
reposan gotas de rocío,
anhelantes,
a la espera de tu boca.

Besessen!

Du schließt mich jede Nacht ein,
besessen, wie ein Verrückter!
Im stillen Garten
der Diebe der Träume.
Verlassen, in der Dunkelheit,
zu den Liebkosungen des Mondes.

In den frühen Morgenstunden,
auf den Poren meiner Haut
ruhen Tautropfen,
Sehnsucht,
die auf deinen Mund warten.

Vida

La vida es un regalo,
que se nos regala,
para disfrutar del tiempo.
Aunque sea el tiempo,
el que nos roba la vida.

Leben

Das Leben ist ein Geschenk,
das uns gegeben wird,
die Zeit zu genießen.
Auch wenn es diese Zeit ist
die uns das Leben raubt.

Te quiero

En algo hay que ocupar el tiempo.
Hoy dedicaré el día
a decirte muchas veces
cuánto te quiero.

Ich liebe dich

Man muss seine Zeit mit etwas verbringen.
Heute werde ich den Tag damit verbringen
um dir viele Male zu sagen
wie sehr ich dich liebe.

En este atardecer

Se ha posado una mariposa en el alfeizar.
Detiene su vuelo, se queda quieta.
Parece contemplar la caída de la tarde.

El atardecer está ruborizado, sonrojado.
¿Será porque el amanecer fue tan hermoso?

La mañana nos regaló aromas de frescura,
con amagos de rayos de sol,
pincelando las flores amarillas del arándano.

Se inició la tarde,
deshojando los pétalos blancos
de las últimas margaritas.

Y es ahora, en este atardecer
lleno de colores dorados,
cuando los falsos girasoles se giran,
un poco cansados.

Hoy el atardecer está arrebolado.
Se ha bañado en un ramo de flores de otoño.

Bei diesem Sonnenuntergang

Ein Schmetterling ist auf der Fensterbank gelandet.
Er hört auf zu fliegen, er bleibt still.
Er scheint den Untergang des Abends zu besprechen.

Der Sonnenuntergang ist rot und errötet.
Liegt es daran, dass der Sonnenaufgang so schön war?

Der Morgen verströmte den Duft von Frische,
mit einem Hauch von Sonnenschein,
die gelben Blüten der Heidelbeere bürsten.

Der Nachmittag begann,
Abstreifen der weißen Blütenblätter
der letzten Gänseblümchen.

Und es ist jetzt, in diesem Sonnenuntergang
voll von goldenen Farben,
wenn sich die falschen Sonnenblumen drehen,
ein wenig müde.

Heute ist der Sonnenuntergang golden.
Es ist in einen Strauß von Herbstblumen getaucht.

Sinceridad

Si deseas sincerarte, no sueñes.
Debes estar preparado, sin límites,
para no ser escuchado;
por todos, o quizás por alguno.
Oídos sordos.

Uno, entre todos, solitario,
que te quiera, sin prejuicios;
amándote sin fronteras,
te prestará atención, paciente.

Si deseas sincerarte, no dudes.
Comienza a hablar sin tapujos.
Con voz templada, segura.
Sin tono de súplica, sin rodeos.

Después, no te sorprendas.
Aún sin ser escuchado, dolerá.
Pero te sentirás más libre, al vuelo.
Más tú mismo, preparado.

Aufrichtigkeit

Wenn Sie ehrlich sein wollen, träumen Sie nicht.
Sie müssen vorbereitet sein, grenzenlos
nicht angehört zu werden;
von allen, oder vielleicht nur von einigen.
Taube Ohren.

Einer, von allen, allein,
der dich liebt, ohne Vorurteile;
dich ohne Grenzen zu lieben wird,
wird dir geduldig zuhören.

Wenn die Wahrheit sagen will, zögere nicht. der Volltest.
Fange du an, offen zu sprechen.
Mit einer ruhigen, selbstbewussten Stimme.
Ohne einen flehenden Ton, ohne um den heißen Brei
herumzureden.

Wundere dich danach nicht mehr
Auch wenn du nicht gehört wirst, wird es weh tun.
Aber du wirst dich freier fühlen, ganz spontan.
Du wirst mehr vorbereitet sein.

Los ojos que no todo lo ven

Los ojos que no todo lo ven son aquellos;
esos que cierran sus párpados,
demasiado rápido,
por el peso de las tristezas.

No es lo mismo,
no es usual,
amar por amar.
Pero eso es lo que hay.

Es divertido observar,
ocasionalmente,
a la gente de la calle.
Sus rostros, sus gestos.

Poder fantasear,
y adivinar las historias
que moldean sus espaldas.

Los ojos que no todo lo ven;
preludios sin presentes,
ni pasados,
exentos de notas musicales
para componer su futuro.

Amar por amar,
evitando el compromiso,
cerrando los párpados
por el peso de la pesadumbre.

Die Augen, die nicht alles sehen

Das sind die Augen, die nicht alles sehen;
diejenigen, die ihre Augenlider schließen
zu schnell,
unter der Last der Traurigkeit.

Das ist nicht dasselbe,
es ist nicht üblich,
zu lieben, um der Liebe willen.
Aber so ist es nun einmal.

Es macht Spaß Menschen zuzuschauen,
gelegentlich,
auf der Straße.
Ihre Gesichter, ihre Gesten.

Die Möglichkeit zu phantasieren,
und die Geschichten erraten
die ihren Rücken formen.

Die Augen, die nicht alles sehen;
Präludien ohne Geschenke,
noch Vergangenheit,
befreit von Musiknoten
um ihre Zukunft zu gestalten.

Lieben um des Lebens willen,
Vermeidung von Verpflichtungen,
Schließen der Augenlider
durch die Last des Kummers

Y recé

Él.
Es atento, simpático.
Engatusa.
Bien parecido, ameno.
Embelesa.
Sabe camelar a los amigos,
y cortejar a las féminas.
Como ninguno.

Pensó que yo ya había conciliado el sueño.
Lo dejé acercarse.
Pero le delató el olor que despedía,
y sentí un escalofrío.
Permanecí inmóvil.
La cabeza reposada sobre la almohada.

Escuché: «Te quiero, vida mía».
Sonando a dulce arrullo;
y su olor se intensificó tanto,
que me ahogué de miedo,
y recé mientras él se reía.

Und ich habe gebetet

Er.
Er ist aufmerksam und einfühlsam.
Er beschwichtigt.
Gut aussehend, angenehm.
Er verzaubert.
Er weiß, wie er seine Freunde bezirzen kann,
und die Damenwelt umwerben kann.
Wie kein anderer.

Er dachte, ich sei schon eingeschlafen.
Ich ließ ihn herankommen.
Aber der Geruch, den er verströmte, verriet ihn,
und ich spürte einen Schauer.
Ich bewegte mich nicht..
Mein Kopf ruhte auf dem Kissen.

Ich hörte: "Ich liebe dich, mein Leben".
Es klingte wie ein süßes Wiegenlied;
Und der Geruch davon wurde so stark,
dass ich vor Angst erstickte,
Und ich betete, während er lachte.

He aprendido

He aprendido a dejar dormir los sentimientos
y los pensamientos profundos.
Impiden pensar con claridad.

He aprendido a reconstruir el pasado;
sin ansias y sin prisas
que enturbien el entendimiento.

Me he vuelto más serena,
y he olvidado el paso del tiempo.
Sé que es un engaño, pero a mí me gusta.

Me cansé de permanecer en el pasado,
olvidando mi presente.

Ich habe gelernt

Ich habe gelernt, Gefühle und tiefe Gedanken zuzulassen
Und tiefe Gedanken.
Sie hindern mich daran, klar zu denken.

Ich habe gelernt, die Vergangenheit zu rekonstruieren
ohne Ängste und ohne Eile
die das Verständnis trüben.

Ich bin gelassener geworden,
und ich habe vergessen, wie die Zeit vergeht.

Ich weiß, dass es eine Täuschung ist, aber ich mag es.
Ich war es müde, in der Vergangenheit zu verharren,
meine Gegenwart zu vergessen.

Ninguna fotografía

Hoy no quise hacer ninguna fotografía.
Pensé que no era el día ideal.
El sol relucía sobre las gotas de rocío,
pero tú ya no eras el mismo de ayer.

Keine Fotografie

Ich wollte heute keine Fotos machen.
Ich dachte, es sei nicht der ideale Tag.
Die Sonne glänzte auf den Tautropfen,
Aber du warst nicht mehr derselbe wie gestern.

Sin observarte

De no ser porque no me siento culpable,
lo primero que me llamaría la atención,
sería pasar el resto de la noche,
antes de que la velada termine,
sin observarte.

Ella puede creerlo,
pero todavía lo desconoce.
Nuestro amor depende de ella.
Fíjate en mí, solo una vez,
y seremos el uno para el otro.

Ohne dich zu beobachten

Wenn da nicht die Tatsache wäre, dass ich mich nicht schuldig
fühle,
die erste Sache, die meine Aufmerksamkeit erregen würde,
Ich würde den Rest der Nacht hier verbringen,
bevor der Abend zu Ende ist,
ohne sie zu beobachten.

Sie mag es glauben,
aber sie weiß es noch nicht.
Unsere Liebe hängt von ihr ab.
Sieh mich an, nur einmal,
und wir werden füreinander da sein.

Perfección

Cuánta perfección en aquella boda.
Recuerdo que hacía mucho calor,
parecíamos un enjambre,
todos tan juntos.

Ya es de noche.
El ocaso sucedió hoy
demasiado deprisa.

Ahora que las perseidas
iluminan nuestro lecho,
nos buscamos sin encontrarnos.

Perfektion

So viel Perfektion auf dieser Hochzeit.
Ich erinnere mich, dass es so heiß war,
Wir sahen aus wie ein Schwarm,
alle so nah beieinander.

Es ist bereits Nacht.
Der Sonnenuntergang fand heute statt
zu schnell.

Nun, da die Perseiden
unser Bett beleuchten,
Suchen wir uns gegenseitig, ohne uns zu finden.

Todo un deleite

Se miró las zapatillas,
esas de cuadros escoceses.
Movió los dedos de los pies, y sonrió.

Se ajustó el cinto de la bata,
esa de andar por casa.
Movió la cabeza a ambos lados,
y se paró.

Cerró los ojos,
ausentándose de las paredes cotidianas;
esas que abrazan,
que aprietan demasiado,
que ahogan,

Exhaló un suspiro,
a modo de lamento.
Deseó estar en la barra de un bar,
en libertad de pensamiento,
impaciente, pincelando,
con aquel que en la distancia la observa.

Qué sabrosura, todo un deleite,
todo un gozo, derritiéndose
en una copa de piña colada,
regada con sirope.

Ein wahrer Genuss

Sie hat auf seine Pantoffeln geschaut.
Diese, karierte.
Sie wackelte mit den Zehen und lächelte.

Sie rückte die Schärpe ihres Bademantels zurecht,
die sie im Haus trug.
Sie bewegte seinen Kopf nach beiden Seiten,
und stand auf.

Sie schloss die Augen,
sich von den alltäglichen Mauern zu entfernen;
die, die sich umarmen,
die zu fest zusammendrücken,
die ersticken.

Sie stieß einen Seufzer aus,
in Form eines Lamento.
Sie wünschte sich, an der Bar zu sein,
in der Freiheit des Denkens,
ungeduldig, malend,
mit demjenigen, der sie aus der Ferne beobachtet.

Wie lecker, ein wahrer Genuss,
eine Freude, die in einem Glas *piña colada* schmilzt
mit Sirup heruntergespült.

El olvido

De serena quietud,
y paciencia,
se alimenta el recuerdo.

No espera nada,
no piensa en el mañana,
sencillamente permanece detenido,
procurando con silencios
ocultar en el olvido
cada uno de los gestos.

Die Vergessenheit

Von heiterer Stille
und Geduld,
wird das Gedächtnis genährt.

Er wartet auf nichts,
er denkt nicht an morgen,
Sie steht einfach still,
Versuch mit Stille jede Geste.
sich in der Vergessenheit zu verstecken

¡Sobrevolando tus espacios!

¿Cómo podría conseguir abrazarte,
evitando tocarte?
¿Cómo debería ocultar mis deseados abrazos,
por encima de ti?

Tal vez en las gotas del rocío, por la mañana.
Y en el polvo fugaz de las estrellas, al atardecer;
esas, los luceros del universo,
inaccesibles para las aves.

También podría elevarlos,
por encima de ti,
escondidos entre los sueños,
los tuyos.

En los vapores de las nubes,
suspendidos,
sobrevolando tus espacios.

Tal vez debería disfrazarlos
en la paleta de tres colores
de los cristales de un caleidoscopio.

Y dejar que tus manos los acariciasen,
sin ser tú, mi amado,
consciente de su secreto,
hasta lograr cautivarte con su poder invisible.

¿Cómo podré sostener mi alma,
de tal manera que no toque la tuya,
impidiendo el roce de la silueta de tu cuerpo,
y no morir de amor?

Über deine Räume fliegend!

Wie konnte ich es schaffen, dich zu umarmen,
vermeiden,dich zu berühren?
Wie soll ich meine gewünschten Umarmungen
über dir verstecken?

Vielleicht in den Tautropfen am Morgen.
Und im flüchtigen Staub der Sterne, in der Dämmerung;
diese, die Sterne des Universums,
unzugänglich für Vögel.

Ich könnte sie auch hochheben
über dich,
versteckt zwischen deinen Träumen

In den Dämpfen der Wolken
ausgesetzt,
über deine Räume fliegend..

Vielleicht sollte ich sie verkleiden
in der dreifarbigen Palette
der Kristalle eines Kaleidoscopes.

Und lass deine Hände sie streicheln,
ohne dass du es bist, mein Geliebter,
bewusst von deinem Geheimnis,
bis sie dich mit ihrer unsichtbaren Macht in ihren Bann ziehen.

Wie kann ich meine Seele halten
und zwar so, dass sie deine nicht berührt,
um die Art der Silhouette deines Körpers zu verhindern,
und nicht aus Liebe zu sterben?

41

El bostezo del verso

La última noche soñó con un mar de poemas,
cuyos versos azotaban una costa escarpada de rimas,
inspiradas en suspiros encendidos,
entonando melodías poéticas.

Se dejó bañar por la espuma de versos luchadores
que día y noche campan por dejar libre
el ardor de ansias deseadas.

De repente, le habló un verso
a punto de desprenderse del resquicio de una rima.
Le susurró palabras palpitantes de cansancio.
Le acarició los oídos con aromas de flores,
que crecían bellísimas en el fondo del mar de poemas.
Le derramó caricias y atrevidos deseos.
Le colmó de halagos envueltos de sal y arena.

Y le surgió al verso un bostezo
iluminado por un inocente rayo de luna.
El poeta, tumbado sobre la arena de la playa,
inspirando lentamente en busca de nuevas odas,
se sintió tranquilo, liviano.
Por fin el verso deseaba descansar,
como todas las cosas.

Das Gähnen des Verses

Letzte Nacht träumte er von einem Meer von Gedichten,
dessen Verse ein zerklüftetes Ufer aus Reimen peitschten,
inspiriert durch feurige Seufzer,
poetische Melodien intonierend.

Er ließ sich vom Schaum der Kampfverse baden,
die Tag und Nacht für die Befreiung

der Glut lang ersehnter Sehnsüchte kämpfen.
Plötzlich sprach ein Vers zu ihm,
der gerade aus dem Riss eines Reims auszubrechen wollte.
Er streichelte seine Ohren mit dem Duft von Blumen,
Er flüsterte ihm Worte zu, die vor Müdigkeit pochten.
die auf dem Grund des Meeres der Gedichte wunderschön
wuchsen.
Er überhäufte sie mit Zärtlichkeiten und kühnen Wünschen.
Er überhäufte sie mit Schmeicheleien, verpackt in Salz und Sand.

Und ein Gähnen kam aus der Strophe
beleuchtet von einem unschuldigen Mondstrahl.
Der Dichter, der im Sand des Strandes liegt,
langsam einatmend auf der Suche nach neuen Oden,
fühlte sich ruhig und leicht an.
Endlich wollte die Strophe zur Ruhe kommen,
wie alle Dinge.

Una canción de amor

¡Qué curioso!
Hoy quedé embelesada,
fascinada, casi paralizada.

Por primera vez,
deseé dejar de ser yo misma
para poder componer
bonitas canciones de amor
dedicadas a las mujeres.

Como esas de los cantautores,
de letras engalanadas,
de notas melodiosas,
escritas con intensidad,
de piel con piel.

Dejando trazos de su espíritu,
de sus alientos de poetas;
respirando los deseos femeninos,
despertando los anhelos placenteros,
hasta lograr alcanzar el clímax,
ese tan maravilloso y gozoso,
que une almas dispares.

¡Qué curioso!
Hoy quedé cautivada,
escuchándole,
alegrando mis ojos,
dos tristes luceros.

Wie seltsam!
Heute war ich wie gebannt,
fasziniert, fast gelähmt.

Zum ersten Mal,
wollte ich aufhören, ich selbst zu sein,
schöne Liebeslieder
komponieren zu können,
die den Frauen gewidmet sind.

Wie die der Singer-Songwriter,
mit Texten völlig ausgefallener Lyrik,
mit melodiösen Tönen,
mit Intensität geschrieben,
Haut auf Haut.

Sie hinterließen Spuren ihres Geistes,
des Atems ihres Dichters;
des Atmens der weiblichen Wünsche,
die lustvollen Sehnsüchte zu wecken,
bis hin zum Höhepunkt,
der so wunderbar und freudig ist,
was die unterschiedlichen Seelen vereint.

Wie seltsam!
Heute war ich gefesselt,
hörte ihm zu,
erfreuten meine Augen,
zwei traurige Sterne

45

Me lo imaginé
arribando a mi espera,
como si yo fuera una sirena.
Jugueteando con mis lágrimas,
ubicadas en mi pentagrama,
tejido de ansias y deseos.

¡Qué curioso!
Te espero, deseándote,
para que te conviertas
en el único amante de mi vida.

Permitiendo que te adueñes de mis penas;
Modelándolas, poquito a poquito,
esculpiendo, roce a roce,
caricia a caricia,
hasta convertirme en una obra perfecta.

Encendiendo mis versos escondidos.
Navegando en un barquito de vela,
impulsado por vientos sutiles.
Muy juntitos.

Besándonos el piquito,
como aves del paraíso,
sobrevolando, allá a lo lejos,
el arco iris.

¡Qué curioso!
Te imagino danzando,
a mi lado,
sobre sendas de nubes de azúcar,
endulzados,
corazón con corazón.

46

Ich stellte ihn mir vor,
zu meinem Warten zu kommen,
als ob ich eine Meerjungfrau wäre.
Ich spiele mit meinen Tränen,
auf mein Pentagramm gelegt,
gewoben aus Sehnsüchten und Wünschen.

Wie seltsam!
Ich warte auf dich, sehne mich nach dir
so dass du der einzige Liebhaber
in meinem Leben werden wirst.

Ich erlaube dir, von meinen Sorgen Besitz zu ergreifen;
Sie werden nach und nach geformt,
Ich modelliere sie, Berührung auf Berührung,
Zärtlichkeit für Zärtlichkeit,
bis ich ein perfektes Kunstwerk geworden bin.

Meine verborgenen Verse entfalten sich,
Segeln in einem kleinen Segelboot,
Getrieben von subtilen Winden.
Sehr dicht beieinander.

Sie küssen sich gegenseitig die Schnäbel,
Wie Paradiesvögel,
Überfliegen weit in der Ferne
den Regenbogen.

Wie seltsam!
Ich stelle mir vor, wie du
an meiner Seite tanzt,
auf Spuren von Zuckerwolken,
gesüßt,
von Herz zu Herz.

47

Yo no codicio de ti un soneto,
que encienda de nuevo mis semillas de agua;
simplemente ¡emocióname!,
¡susúrrame una canción de amor!

Ich begehre kein Sonett von dir,
das die Saat des Wassers wieder entzündet;
begeistere mich einfach!
Flüstere mir ein Liebeslied zu!

Inventando el beso

Hoy se ha despertado el Sol un tanto inquieto.
Un pensamiento muy curioso le preocupa.
Soñó que era la Luna, y le había gustado.

Sintió envidia del astro que domina las mareas,
del amor que, por ella, sienten los poetas.
del temor que infunden sus silencios.

Sintió celos de la Luna llena,
siempre saludando a las estrellas.
De la quietud de la vida
cuando el astro se ilumina.

Ella que regala noches de amor,
procura que los suspiros humedezcan los deseos.
Acaricia las noches,
con hechizos de brujas y ocultos aquelarres,
despertando en los amantes pasiones ocultas.

Hoy, mientras la Luna se engalanaba,
se sintió traviesa.
Fue consciente de un extraño desasosiego.
Por un instante, ¡quiso ser el Sol!

La Luna admiraba los amaneceres.
Se quedaba embobada contemplándolos.
Disfrutando de los lienzos pintados,
con difuminados colores,
retozando sobre el aroma de las perlas del rocío.

Die Erfindung des Kusses

Heute ist die Sonne etwas unruhig aufgewacht.
Ein sehr merkwürdiger Gedanke beunruhigte sie.
Sie träumte, dass es der Mond war, und sie hatte ihn gemocht.

Sier war neidisch auf den Stern, der die Gezeiten beherrscht,
auf die Liebe, die die Dichter für sie empfinden.
Von der Angst, die ihr Schweigen auslöste.

Sie war eifersüchtig auf den Vollmond,
immer die Sterne grüßend.
Von der Stille des Lebens
wenn der Stern beleuchtet ist.

Sie, die Nächte der Liebe schenkt,
Sie lässt die Seufzer die Begierden dämpfen.
Sie streichelt die Nächte
Mit Hexensprüchen und versteckten Zirkeln,
die verborgenen Leidenschaften der Liebenden zu wecken.

Heute, als der Mond geschmückt war,
fühlte sie sich schadenfroh.
Sie verspürte ein seltsames Unbehagen.
Einen Moment lang wollte sie die Sonne sein!

Der Mond bewunderte die Sonnenaufgänge.
Sie starrte ihn an.
Viel Spaß mit den bemalten Leinwänden,
mit verblassten Farben,
Sie tummeln sich im Duft der Tau-Perlen.

Extasiada con el brillo esplendoroso y radiante
de los ríos de la vida coloreados de plata.
De las risas de los niños.

De la sensualidad de los amantes,
a esas horas,
en el encuentro de sus sueños compartidos.
Impregnando, susurrando al viento,
un amor eterno.

Ha llegado el momento,
ese que ambos astros esperaban.
En el punto álgido del eclipse,
sin dilación se miran,
¡inventando el milagro del beso!

Verzaubert von dem prächtigen und strahlenden Glanz
Von den silberfarbenen Flüssen des Lebens.
Vom Lachen der Kinder.

Von der Sinnlichkeit der Liebenden,
zu dieser Stunde,
bei der Erfüllung ihrer gemeinsamen Träume.
Befruchtend, in den Wind flüsternd,
eine ewige Liebe.

Der Moment ist gekommen,
derjenige, auf den beide Stars gewartet haben.
Auf dem Höhepunkt der Sonnenfinsternis,
Ohne zu zögern schauen sie sich,
die Erfindung des Wunders des Kusses an!

¡No sé dónde!

Con el paso de los años,
y disfrutando de los versos,
se me pasa el tiempo;
con el convencimiento de que,
sin ser consciente de ello,
alguien, allá, no sé dónde,
me tendrá muchísimo cariño,
y me estará dedicando un pensamiento.

Ich weiß nicht, wo!

Mit dem Vergehen der Jahre
und dem Genießen der Verse
vergeht die Zeit bei mir;
mit der Überzeugung,
ohne sich dessen bewusst zu sein,
dass Irgendjemand, dort drüben,
ich weiß nicht wo,
mich sehr gern haben wird,
und mir einen Gedanken widmen wird.

¡Tan poco!

Tomemos asiento.
Detengámonos.
Démonos tiempo.
¡Tenemos tanto que decir!
¡Y decimos tan poco!

So wenig!

Setzen wir uns.
Lassen Sie uns hier stehen bleiben.
Wir sollten uns Zeit lassen.
Wir haben so viel zu sagen!
Und wir sagen so wenig!

La niña más feliz del mundo

«¡Yo quiero coger una estrella!»,
exclamó una niña rubia,
con largas trenzas,
de ojos azules claros,
de nariz chata y respingona,

Con tanta ilusión lo pedía,
que una estrella cercana
se compadeció de ella.

Bajó rauda, como una centella,
para posarse en la mano de ella,
y le preguntó a la niña rubia,
con largas trenzas,
de ojos azules claros,
de nariz chata y respingona:
«¿Para qué quieres una estrella?».

Y la niña rubia,
con largas trenzas,
de ojos azules claros,
de nariz chata y respingona,
contestó a la estrella:
«¡Para viajar por el cielo!
y soñar, gracias a ello,
que yo también soy una estrella,
como las que veo por las noches.

Y subida sobre ti,
querida estrella,
agarrada fuertemente,

Das glücklichste Mädchen der Welt

"Ich will einen Stern fangen!",
rief ein kleines blondes Mädchen,
mit langen Zöpfen,
mit klaren blauen Augen,
mit einer flachen, nach oben gerichteten Nase.

So eifrig hat sie gefragt,
dass ein naher Stern
Mitleid mit ihr hatte.

Er kam schnell herunter, wie ein funkelnder Stern,
um auf ihrer Hand zu landen,
und fragte das blonde Mädchen,
mit langen Zöpfen,
mit klaren blauen Augen,
mit einer flachen, stumpfen Nase:
"Wozu brauchst du einen Stern?".

Und das blonde Mädchen,
mit langen Zöpfen,
mit hellblauen Augen,
mit einer flachen, nach oben gerichteten Nase,
antwortete dem Stern:
Durch den Himmel zu reisen
und zu träumen, dank ihm,
dass auch ich ein Stern bin,
wie die, die ich nachts sehe.

Und ich klettere über dich,
lieber Stern,
und klammere mich fest,

lanzaré mis sueños al viento.
Llenaré mi cesta de flores,
con multitud de especies.

Y gracias a ti,
seré la niña rubia,
con largas trenzas,
de ojos azules claros.
¡La niña más feliz del mundo!».

Ich werde meine Träume in den Wind schlagen.
Ich werde meinen Korb mit Blumen füllen,
mit einer Vielzahl von Gewürzen.

Und dank dir
werde ich das blonde Mädchen sein,
mit langen Zöpfen,
mit klaren blauen Augen.
"Das glücklichste Mädchen der Welt!".

Me lanzaste un beso de enamorado

Me lanzaste un beso de enamorado,
allí,
en aquella estación de trenes,
parado,
en el andén de las despedidas.
¡Oh, dichoso atrevimiento!

Y lo sentí.
Pegando tus labios,
de fuego,
a los míos.

Introduciendo tu lengua,
impregnada con los efluvios
de la fuerza de la insolencia.
Recalando en mi puerto,
humedecido.

Perdiendo el aliento entre tus ímpetus.
Saboreándonos juntos;
con las papilas gustativas descubriendo
nuevas texturas de sabores,
fusionados,
en ese mágico momento.

Un beso, de piel de melocotón.
Apasionado, amoroso, delicado,
¡sabroso!
¡Todo fue tan pasajero, tan efímero!

Du hast mir den Kuss eines Liebhabers zugeworfen

Du hast mir einen Liebeskuss zugeworfen,
dort,
an diesem Bahnhof,
stehend
auf dem Bahnsteig der Verabschiedung.
Oh, glückliche Kühnheit!

Und ich habe es gespürt.
Klebe deine Lippen
des Feuers,
an meine.

Führe die Zunge ein,
imprägniert mit den Abwässern
der Kraft der Unverschämtheit.
Landung in meinem befeuchteten
Hafen,

Ich verliere den Atem inmitten deines Ansturms.
Gemeinsam genießen wir
mit entdeckten Geschmacksknospen
neue Texturen von Aromen,
miteinander verschmolzen,
in diesem magischen Moment.

Ein Pfirsichhaut-Kuss.
Leidenschaftlich, liebevoll, zart,
lecker!
Es war alles so flüchtig, so kurzlebig!

Hace tiempo que tu rostro
se desdibujó de mis recuerdos.
Yo ya no te veo.

Te has convertido en algo etéreo.
Pero todavía me turba el roce de tu beso,
aquí,
sentada en el asiento de mi último tren.

Längst ist dein Gesicht
aus meinem Gedächtnis verschwunden.
Ich sehe dich nicht mehr.

Du bist zu etwas Ätherischem geworden.
Aber die Berührung deines Kusses beunruhigt mich immer noch,
hier,
Ich saß auf dem Sitz meines letzten Zuges.

Cometa

Mi vida fue una cometa de papel,
sujeta por el hilo del azar,
azotada por vientos indomables.
De acá para allá.
Descendiendo, levantándose,
A veces golpeada por el entusiasmo,
seducida por la insensatez.
Aterrizando en laderas,
ribazos y oteros.
Quebrada por los peñascos,
de la sensibilidad.

Mi vida fue una cometa de tela;
frágil, endeble,
bordada por resplandores,
tinieblas y sombras.
Sujeté tan fuerte el hilo,
el de la vida,
que conseguí mantenerla siempre en el aire.

Mi vida es una cometa de oro,
con reflejos holgazanes,
enfrascada en la fortuna,
con miles de ilusiones.

Mi vida es una cometa de experiencia.
Robusta, segura, feliz,
vibrante, sensata, con arrojo.
Pero no temáis, «queridos lectores»,
todavía no raya en la locura.

Drachen

Mein Leben war ein Papierdrachen
durch den Faden des Zufalls gehalten,
gepeitscht von unbezwingbaren Winden.
Hin und her.
Absteigend, aufsteigend,
Manchmal wird es von der Begeisterung übermannt,
Von der Torheit verführt.
Landung an Hängen,
und auf Ufern und Hängen.
Gebrochen durch die Felsen,
der Sensibilität.

Mein Leben war ein Stoffdrachen;
zerbrechlich, fadenscheinig,
von Schimmern bestickt,
Dunkelheit und Schatten.
Ich hielt den Faden so fest,
den Faden des Lebens,
sodass ich es geschafft habe, ihn immer in der Luft zu halten.

Mein Leben ist ein goldener Drache
mit trägen Reflexionen,
vom Glück eingeholt,
mit tausend Illusionen.

Mein Leben ist ein Drachen der Erfahrung.
Robust, selbstbewusst, glücklich,
lebendig, sensibel, mutig.
Aber keine Angst, liebe Leser,
es grenzt noch nicht an Wahnsinn.

Tela de araña

Ella estaba predestinada,
al nacer,
para ser feliz.

Pero los halos de luz,
del destino,
la encarcelaron entre arbustos,
espinosos;
sujetos por eslabones,
de palabras mentirosas,
por los que resbalaban sus lágrimas de rubíes.

Ella se dejó morir,
abrazada a su tela de araña,
y, por fin, fue feliz.

Das Spinnennetz

Sie war prädestiniert,
bei der Geburt,
glücklich zu sein.

Aber die Lichthöfe
des Schicksals,
fingen sie zwischen dornigen Büschen ein,
mit Gliedern befestigt,
mit lügnerischen Worte,
durch die ihre rubinroten Tränen glitten.

Sie ließ sich selbst sterben,
umarmte ihr Spinnennetz,
Und endlich war sie glücklich.

69

¿Qué pasará cuando yo ya no esté?

¿Qué será de los días en los que dejé vagar mi pensamiento?
¿Alguien recordará que estuve aquí?
¿Por qué no?
Al fin y al cabo, no fui tan mala persona.

¿Qué será de mí en ese mundo que predicen tan oscuro?
¿Habrá tinieblas como vaticinan?
¿Será todo tan terrible como lo cuentan?

Tal vez mi espíritu logre alcanzar otra dimensión.
Esa que dicen es el lugar más bello de la existencia,
donde todas las especies conviven en armonía,
donde las flores permanecen siempre exuberantes y frescas,
donde el aire que se respira es como un bálsamo de cariño.

¿Qué será de mí cuando ya no esté aquí?
¿Qué será de mi alma?
La que a veces me duele tanto,
arrebujada como un ovillo,
arrimándose a mi pesadumbre.

¿Qué pasará cuando yo ya no esté?
¿Alguien recordará que estuve aquí?
¿Por qué no?
Al fin y al cabo, no fui tan mala persona.

Cuando me vaya, quiero que cubran de rosas
el camino que pisé por última vez.
Rosas rojas, de la tonalidad más intensa.

Was wird geschehen, wenn ich nicht mehr da bin?

Was wird aus den Tagen, an denen ich meine Gedanken
schweifen lasse?
Wird sich jemand daran erinnern, dass ich hier war?
Warum nicht?
Schließlich war ich kein so schlechter Mensch.

Was wird aus mir werden in dieser Welt, die sie so dunkel
voraussagen?
Wird es die vorhergesagte Dunkelheit geben?
Wird alles so schrecklich sein, wie sie sagen?

Vielleicht wird mein Geist eine andere Dimension erreichen.
Der Ort, von dem man sagt, er sei der schönste, den es gibt,
wo alle Arten in Harmonie zusammenleben,
wo die Blumen immer üppig und frisch sind,
wo die Luft wie ein Balsam der Zuneigung ist.

Was wird aus mir werden, wenn ich nicht mehr hier bin?
Was wird aus meiner Seele werden?
Die, der manchmal so weh tut,
zusammengerollt wie ein Ball,
sich an meinen Kummer kuschelt.

Was wird passieren, wenn ich nicht mehr da bin?
Wird sich jemand daran erinnern, dass ich hier war?
Warum nicht?
Ich war doch kein so schlechter Mensch.

Wenn ich nicht mehr da bin, will ich den Weg mit Rosen
bedecken, den ich zuletzt gegangen bin.
Rote Rosen, von intensivstem Farbton.

71

Y que planten claveles,
muchos claveles.
No sé por qué, pero a mí me encantan.

Por favor, plantad flores por mí.
Y si la tierra está muy seca,
regadla con lágrimas de alegría,
de esas que se deslizan por las mejillas,
con sabor a miel y sal;
que provocan cosas buenas,
como el tierno beso de un niño.

Dicen que si se riegan los campos
con los aromas del viento,
puede que crezcan amapolas
blancas, amarillas y azules.

Dicen que si se bañan los campos
de colores del mar,
los pájaros vuelan más alto,
jugando con imaginarias nubes
acariciando sus plumas,
con acentos de amor y aventura,
elevando el vuelo hacia un cielo
que se junta con el universo.

Si me voy sin poder despedirme,
no sintáis pesar por mí.
Estad seguros de que me iré sin reproches,
llena de satisfacción por vuestro cariño y amor.
Os quiero.
Gracias por haber sido parte de mi vida.

Und Nelken pflanzen,
viele Nelken.
Ich weiß nicht, warum, aber ich liebe sie.

Bitte pflanze Blumen für mich.
Und wenn der Boden zu trocken ist,
gieße sie mit Freudentränen,
Die Art, die einem über die Wangen läuft,
mit dem Geschmack von Honig und Salz;
die gute Dinge bewirken,
wie der zärtliche Kuss eines Kindes.

Man sagt, wenn man die Felder
mit den Düften des Windes bewässert,
können Mohnblumen können
weiß, gelb und blau.

Man sagt, wenn man die Felder badet
mit den Farben des Meeres,
fliegen die Vögel höher,
mit imaginären Wolken spielen
ihre Federn streicheln,
mit Akzenten von Liebe und Abenteuer,
einem Himmel entgegen schwebend
die auf das Universum trifft.

Wenn ich gehe, ohne mich verabschieden zu können,
habe kein Mitleid mit mir.
Sei versichert, dass ich ohne Vorwürfe gehen werde,
voller Genugtuung für deine Zuneigung und Liebe.
Ich liebe dich.
Danke, dass du Teil meines Lebens warst!

Nueva primavera

El día amaneció soleado,
la claridad inunda la mañana,
de esta nueva primavera.

A lo lejos, allá en la montaña,
se ve un manto de niebla,
protegiendo los pastos y arboledas.

El aire trae un sonido de tintineos,
notas musicales del alegre despertar
de los primeros brotes florales de los castaños.

Mientras, los almendros,
ya casi todos en flor,
dan un delicado, sutil y aromático
toque de color a toda la composición.

Hoy me pondré un vestido palabra de honor.
Largo, de flores.
El día lo merece.
Que me proteja de malos augurios,
que deje mis hombros al descubierto;
para que el aroma del viento los cubra,
los perfumes,
y mi piel se convierta en tacto de terciopelo.
Para que mi amado los acaricie.

Le pediré muchos besos,
de toda clase: besos tiernos,
besos amorosos,
besos de entrega incondicional.

Neuer Frühling

Der Tag bricht sonnig an,
Helligkeit durchflutet den Morgen
dieser neue Frühling

In der Ferne, oben in den Bergen,
ist eine Nebeldecke zu sehen
für den Schutz der Weiden und der Haine.

In der Luft liegt ein klirrendes Geräusch,
Musiknoten des freudigen Erwachens
der ersten Blüten der Kastanienbäume.

Inzwischen blühen fast alle
Mandelbäume,
geben einen zarten, subtilen und aromatischen
Hauch von Farbe in die gesamte Komposition.

Heute werde ich ein trägerloses Kleid tragen.
Lang, aus Blumen gemacht.
Der Tag hat es verdient.
Möge es mich vor schlechten Omen schützen,
um meine Schultern nackt zu lassen;
damit der Duft des Windes sie bedeckt,
sie parfümiert,
und meine Haut fühlt sich wie Samt an.
Damit mein Geliebter sie streicheln kann.

Ich werde ihn um viele Küsse bitten,
aller Art: zärtliche Küsse,
liebevolle Küsse,
Küsse der bedingungslosen Hingabe,

besos apasionados,
besos lujuriosos,
Para terminar con besos llenos de felicidad.

Hoy recibo esta nueva primavera,
y te digo: «¡amor!», y tú sonríes.
Te digo que te quiero, y tú sonríes.
Hoy es el momento adecuado
de decirte que tú eres mi vida.

Me susurras al oído provocando deseos.
Nos miramos a los ojos,
y simplemente hablamos en silencio,
el lenguaje del amor.

leidenschaftliche Küsse,
lüsterne Küsse,
um mit Küssen voller Glück zu enden.

Heute begrüße ich diesen neuen Frühling,
und ich sage dir: "Liebe!", und du lächelst.
Ich sage dir, dass ich dich liebe, und du lächelst.
Heute ist der richtige Zeitpunkt,
um dir zu sagen, dass du mein Leben bist.

Du flüsterst in mein Ohr und weckst Begehrlichkeiten.
Wir schauen uns in die Augen
und wir reden einfach im Stillen
die Sprache der Liebe.

Pétalos robados

No sé si por la noche llovieron besos perdidos,
pero los trigales amanecieron
regados por multitud de amapolas.
Es tan hermosa la composición,
que me lanzaría a besar a cada una de ellas.

Lucen rojas,
cual carmín femenino,
provocativas,
con un sensual balanceo,
al ritmo de la brisa.
Parece que el aire anhela abrazarlas,
acariciarlas, protegerlas.

Si pudiera contarlas todas,
una por una,
el total sería el de tantos besos
que todavía nos quedan por dar.

«Amapola, lindísima amapola…»,
proclama una romántica canción
en la que los versos se convierten en melodía,
para arrullar a los enamorados.

Miro al frente, luego a la derecha.
Después atrás y a la izquierda.
Estamos solas, las amapolas y yo.
Sonrío y robo uno de tantos besos.

Gestohlene Blütenblätter

Ich weiß nicht, ob es in der Nacht verlorene Küsse regnete,
aber die Weizenfelder dämmerten
bewässert von einer Vielzahl von Mohnblumen.
Die Komposition ist so schön,
dass ich mich darauf stürzen würde, jede einzelne von ihnen zu
küssen.

Sie leuchten rot,
wie ein weiblicher Karmin,
provokativ,
mit einem sinnlichen Schwung,
im Rhythmus der Brise.
Es scheint, als ob die Luft sich danach sehnt, sie zu umarmen,
um sie zu streicheln und zu beschützen.

Wenn ich sie alle zählen könnte,
einen nach dem anderen,
die Gesamtzahl würde so viele Küsse betragen,
die wir noch zu geben haben.

"Mohn, schönster Mohn…",
verkündet ein romantisches Lied,
in dem die Verse zur Melodie werden,
um Liebende in den Schlaf zu wiegen.

Ich schaue nach vorne, dann nach rechts.
Dann zurück und nach links.
Wir sind allein, die Mohnblumen und ich.
Ich lächle und stehle einen der vielen Küsse.

Me alejo,
no sin antes echar la vista atrás.
Nadie nota mi acción;
solo tú, al acariciar mi rostro de cielo,
con los pétalos robados.
¡Hoy todo el campo me ha sabido a beso!

Ich gehe weg,
aber nicht bevor ich zurückblicke.
Niemand bemerkt mein Handeln;
nur du, während du mein himmlisches Gesicht streichelst
mit den gestohlenen Blütenblättern.
Heute hat das ganze Feld wie ein Kuss für mich geschmeckt!

ÍNDICE

INHALT

83

Sobre la autora

Berta Martín De La Parte. Nacida en Valladolid (España) y residente desde el año 2000 en Heidelberg (Alemania). Se define como una escritora y poeta que juega con las letras del abecedario y los signos de puntuación.

Colaboradora literaria, de la revista digital *ED Cultura Dos*. Participación literaria en antologías de la editorial Diversidad Literaria: *Ellas VI, Versos en el Aire XI, Inspiraciones Nocturnas VIII*. También con la editorial Letras, Sol y Playa. Así como en la antología alemana *Traum & Abgrund*.

Publicaciones

Abril 2021. *¿Historias Verdaderas o Falsas?* (prosa). Ofrece al lector la oportunidad de introducirse en historias cuyos personajes y situaciones, escritas a modo de relato o cuento, no le dejarán indiferente.

Septiembre 2022. *La emoción del instante* (poemas). Con un total de treinta y un poemas, la escritora nos invita a su lectura. Una colección de instantes. Disfruten de mágicos momentos.

Septiembre 2023. *Die Dame mit dem Einkaufswagen* (prosa). Una historia conmovedora sobre las relaciones entre madres e hijos.

Über die Autorin

Berta Martín De la Parte. Geboren in Valladolid (Spanien) und seit 2000 in Heidelberg (Deutschland) wohnhaft, bezeichnet sie sich selbst als Schriftstellerin und Dichterin, die mit den Buchstaben des Alphabets und Interpunktionszeichen spielt. Sie schreibt für die digitale Zeitschrift *ED Cultura Dos*. Literarische Beteiligung an Anthologien des Verlags Diversidad Literaria: *Ellas VI, Versos en el Aire XI, Inspiraciones Nocturnas*. Außerdem bei dem Verlag Letras, Sol y Playa. Sowie in der deutschen Anthologie *Traum & Abgrund*.

Veröffentlichungen

April 2021. *¿Historias verdaderas o falsas?* (prosa). Bietet dem Leser die Möglichkeit, in Geschichten einzutauchen, deren Charaktere und Situationen, die in Form einer Erzählung oder Geschichte geschrieben sind, den Leser nicht gleichgültig lassen.
September 2022. *La emoción del instante* (gedichte). Mit insgesamt einunddreißig Gedichten. Der Autor lädt uns ein sie zu lesen. Eine Sammlung von Augenblicken. Genießen Sie magische Momente.
September 2023. *Die Dame mit dem Einkaufswagen* (prosa). Eine berührende Geschichte über die Beziehung zwischen Müttern und Kindern.

Publicaciones de la autora - Publikationen der Autorin

Editorial Círculo Rojo
ISBN 978 84 1398624 1

BoD- Books on Demand

ISBN 978 37 56294619

BoD- Books on Demand
ISBN 978 37 57860141

La emoción del instante - Die Emotion des Augenblicks